信访工作笔记

中国法制出版社

目录

CONTENTS

索　引……001

信访工作条例……005

第一章　总　则……005

第二章　信访工作体制……008

第三章　信访事项的提出和受理……024

第四章　信访事项的办理……042

第五章　监督和追责……056

第六章　附　则……070

信访事项网上办理工作规程……072

依法分类处理信访诉求工作规则……100

初次信访事项办理办法……120

信访事项简易办理办法……136

索引

INDEX

日期	主题	页码

信访工作条例

第一章 总 则

第一条 为了坚持和加强党对信访工作的全面领导，做好新时代信访工作，保持党和政府同人民群众的密切联系，制定本条例。

第二条 本条例适用于各级党的机关、人大机关、行政机关、政协机关、监察机关、审判机关、检察机关以及群团组织、国有企事业单位等开展信访工作。

第三条 信访工作是党的群众工作的重要组成部分，是党和政府了解民情、集中民智、维护民利、凝聚民心的一项重要工作，是各级机关、单位及其领导干部、工作人员接受群众监督、改进工作作风的重要途径。

第四条 信访工作坚持以马克思列宁主义、毛泽东思想、邓小平理论、“三个代表”重要思想、科学发展观、习近平新时代中国特色社会主义思想为指导，贯彻落实习近平总书记关于加强和改进人民信访工作的重要思想，增强“四个意识”、坚定“四个自信”、做到“两个维护”，牢记为民解难、为党分忧的政治责任，坚守人民情怀，坚持底线思维、法治思维，服务党和国家工作大局，维护群众合法权益，化解信访突出问题，促进社会和谐稳定。

第五条 信访工作应当遵循下列原则：

（一）坚持党的全面领导。把党的领导贯彻到信访工作各方面和全过程，确保正确政治方向。

（二）坚持以人民为中心。践行党的群众路线，倾听群众呼声，关心群众疾

星期______ ______年______月______日

苦，千方百计为群众排忧解难。

（三）坚持落实信访工作责任。党政同责、一岗双责，属地管理、分级负责，谁主管、谁负责。

（四）坚持依法按政策解决问题。将信访纳入法治化轨道，依法维护群众权益、规范信访秩序。

（五）坚持源头治理化解矛盾。多措并举、综合施策，着力点放在源头预防和前端化解，把可能引发信访问题的矛盾纠纷化解在基层、化解在萌芽状态。

第六条 各级机关、单位应当畅通信访渠道，做好信访工作，认真处理信访事项，倾听人民群众建议、意见和要求，接受人民群众监督，为人民群众服务。

第二章 信访工作体制

第七条 坚持和加强党对信访工作的全面领导，

星期______　　　　　　　　______年______月______日

构建党委统一领导、政府组织落实、信访工作联席会议协调、信访部门推动、各方齐抓共管的信访工作格局。

第八条 党中央加强对信访工作的统一领导：

（一）强化政治引领，确立信访工作的政治方向和政治原则，严明政治纪律和政治规矩；

（二）制定信访工作方针政策，研究部署信访工作中事关党和国家工作大局、社会和谐稳定、群众权益保障的重大改革措施；

（三）领导建设一支对党忠诚可靠、恪守为民之责、善做群众工作的高素质专业化信访工作队伍，为信访工作提供组织保证。

第九条 ①地方党委领导本地区信访工作，贯彻落实党中央关于信访工作的方针政策和决策部署，执行上级党组织关于信访工作的部署要求，统筹信访工作责

星期____ ______年____月____日

任体系构建，支持和督促下级党组织做好信访工作。

❷ 地方党委常委会应当定期听取信访工作汇报，分析形势，部署任务，研究重大事项，解决突出问题。

第十条 各级政府贯彻落实上级党委和政府以及本级党委关于信访工作的部署要求，科学民主决策、依法履行职责，组织各方力量加强矛盾纠纷排查化解，及时妥善处理信访事项，研究解决政策性、群体性信访突出问题和疑难复杂信访问题。

第十一条 ❶ 中央信访工作联席会议在党中央、国务院领导下，负责全国信访工作的统筹协调、整体推进、督促落实，履行下列职责：

（一）研究分析全国信访形势，为中央决策提供参考；

（二）督促落实党中央关于信访工作的

星期______　　　　　　　　　　________年______月______日

方针政策和决策部署；

（三）研究信访制度改革和信访法治化建设重大问题和事项；

（四）研究部署重点工作任务，协调指导解决具有普遍性的信访突出问题；

（五）领导组织信访工作责任制落实、督导考核等工作；

（六）指导地方各级信访工作联席会议工作；

（七）承担党中央、国务院交办的其他事项。

❷ 中央信访工作联席会议由党中央、国务院领导同志以及有关部门负责同志担任召集人，各成员单位负责同志参加。中央信访工作联席会议办公室设在国家信访局，承担联席会议的日常工作，督促检查联席会议议定事项的落实。

第十二条　❶ 中央信访工作联席会议根据工作需

星期______ ______年______月______日

要召开全体会议或者工作会议。研究涉及信访工作改革发展的重大问题和重要信访事项的处理意见，应当及时向党中央、国务院请示报告。

❷ 中央信访工作联席会议各成员单位应当落实联席会议确定的工作任务和议定事项，及时报送落实情况；及时将本领域重大敏感信访问题提请联席会议研究。

第十三条 ❶ 地方各级信访工作联席会议在本级党委和政府领导下，负责本地区信访工作的统筹协调、整体推进、督促落实，协调处理发生在本地区的重要信访问题，指导下级信访工作联席会议工作。联席会议召集人一般由党委和政府负责同志担任。

❷ 地方党委和政府应当根据信访工作形势任务，及时调整成员单位，健全规章制度，建立健全信访信息分析研

星期______　　　　　　　　________年______月______日

判、重大信访问题协调处理、联合督查等工作机制，提升联席会议工作的科学化、制度化、规范化水平。

③ 根据工作需要，乡镇党委和政府、街道党工委和办事处可以建立信访工作联席会议机制，或者明确党政联席会定期研究本地区信访工作，协调处理发生在本地区的重要信访问题。

第十四条 ① 各级党委和政府信访部门是开展信访工作的专门机构，履行下列职责：

（一）受理、转送、交办信访事项；

（二）协调解决重要信访问题；

（三）督促检查重要信访事项的处理和落实；

（四）综合反映信访信息，分析研判信访形势，为党委和政府提供决策参考；

（五）指导本级其他机关、单位和下级的信访工作；

（六）提出改进工作、完善政策和追究

星期______　　　　　　______年______月______日

责任的建议；

（七）承担本级党委和政府交办的其他事项。

2 各级党委和政府信访部门以外的其他机关、单位应当根据信访工作形势任务，明确负责信访工作的机构或者人员，参照党委和政府信访部门职责，明确相应的职责。

第十五条 1 各级党委和政府以外的其他机关、单位应当做好各自职责范围内的信访工作，按照规定及时受理办理信访事项，预防和化解政策性、群体性信访问题，加强对下级机关、单位信访工作的指导。

2 各级机关、单位应当拓宽社会力量参与信访工作的制度化渠道，发挥群团组织、社会组织和“两代表一委员”、社会工作者等作用，反映群众意见和要求，引导群众依法理性反映

星期______ ______年 ______月 ______日

诉求、维护权益，推动矛盾纠纷及时有效化解。

③ 乡镇党委和政府、街道党工委和办事处以及村（社区）“两委”应当全面发挥职能作用，坚持和发展新时代“枫桥经验”，积极协调处理化解发生在当地的信访事项和矛盾纠纷，努力做到小事不出村、大事不出镇、矛盾不上交。

第十六条 ① 各级党委和政府应当加强信访部门建设，选优配强领导班子，配备与形势任务相适应的工作力量，建立健全信访督查专员制度，打造高素质专业化信访干部队伍。各级党委和政府信访部门主要负责同志应当由本级党委或者政府副秘书长〔办公厅（室）副主任〕兼任。

② 各级党校（行政学院）应当将信访工作作为党性教育内容纳入教学培训，

星期______ ________年______月______日

加强干部教育培训。

③ 各级机关、单位应当建立健全年轻干部和新录用干部到信访工作岗位锻炼制度。

④ 各级党委和政府应当为信访工作提供必要的支持和保障，所需经费列入本级预算。

第三章　信访事项的提出和受理

第十七条　① 公民、法人或者其他组织可以采用信息网络、书信、电话、传真、走访等形式，向各级机关、单位反映情况，提出建议、意见或者投诉请求，有关机关、单位应当依规依法处理。

② 采用前款规定的形式，反映情况，提出建议、意见或者投诉请求的公民、法人或者其他组织，称信访人。

第十八条　① 各级机关、单位应当向社会公布网

星期______　　　　______年______月______日

络信访渠道、通信地址、咨询投诉电话、信访接待的时间和地点、查询信访事项处理进展以及结果的方式等相关事项，在其信访接待场所或者网站公布与信访工作有关的党内法规和法律、法规、规章，信访事项的处理程序，以及其他为信访人提供便利的相关事项。

② 各级机关、单位领导干部应当阅办群众来信和网上信访、定期接待群众来访、定期下访，包案化解群众反映强烈的突出问题。

③ 市、县级党委和政府应当建立和完善联合接访工作机制，根据工作需要组织有关机关、单位联合接待，一站式解决信访问题。

④ 任何组织和个人不得打击报复信访人。

第十九条 ① 信访人一般应当采用书面形式提出信访事项，并载明其姓名（名称）、住

星期______　　　　______年______月______日

址和请求、事实、理由。对采用口头形式提出的信访事项，有关机关、单位应当如实记录。

❷ 信访人提出信访事项，应当客观真实，对其所提供材料内容的真实性负责，不得捏造、歪曲事实，不得诬告、陷害他人。

❸ 信访事项已经受理或者正在办理的，信访人在规定期限内向受理、办理机关、单位的上级机关、单位又提出同一信访事项的，上级机关、单位不予受理。

第二十条 ❶ 信访人采用走访形式提出信访事项的，应当到有权处理的本级或者上一级机关、单位设立或者指定的接待场所提出。

❷ 信访人采用走访形式提出涉及诉讼权利救济的信访事项，应当按照法律法规规定的程序向有关政法部门提出。

③ 多人采用走访形式提出共同的信访事项的，应当推选代表，代表人数不得超过 5 人。

④ 各级机关、单位应当落实属地责任，认真接待处理群众来访，把问题解决在当地，引导信访人就地反映问题。

第二十一条 ① 各级党委和政府应当加强信访工作信息化、智能化建设，依规依法有序推进信访信息系统互联互通、信息共享。

② 各级机关、单位应当及时将信访事项录入信访信息系统，使网上信访、来信、来访、来电在网上流转，方便信访人查询、评价信访事项办理情况。

第二十二条 ① 各级党委和政府信访部门收到信访事项，应当予以登记，并区分情况，在 15 日内分别按照下列方式处理：

（一）对依照职责属于本级机关、单位或者其工作部门处理决定的，应当转

星期______ ______年 ______月 ______日

送有权处理的机关、单位；情况重大、紧急的，应当及时提出建议，报请本级党委和政府决定。

（二）涉及下级机关、单位或者其工作人员的，按照“属地管理、分级负责，谁主管、谁负责”的原则，转送有权处理的机关、单位。

（三）对转送信访事项中的重要情况需要反馈办理结果的，可以交由有权处理的机关、单位办理，要求其在指定办理期限内反馈结果，提交办结报告。

2 各级党委和政府信访部门对收到的涉法涉诉信件，应当转送同级政法部门依法处理；对走访反映涉诉问题的信访人，应当释法明理，引导其向有关政法部门反映问题。对属于纪检监察机关受理的检举控告类信访事项，应当按照管理权限转送有关纪检监察机

星期____ ____年____月____日

关依规依纪依法处理。

第二十三条 ①党委和政府信访部门以外的其他机关、单位收到信访人直接提出的信访事项，应当予以登记；对属于本机关、单位职权范围的，应当告知信访人接收情况以及处理途径和程序；对属于本系统下级机关、单位职权范围的，应当转送、交办有权处理的机关、单位，并告知信访人转送、交办去向；对不属于本机关、单位或者本系统职权范围的，应当告知信访人向有权处理的机关、单位提出。

②对信访人直接提出的信访事项，有关机关、单位能够当场告知的，应当当场书面告知；不能当场告知的，应当自收到信访事项之日起 15 日内书面告知信访人，但信访人的姓名（名称）、住址不清的除外。

③对党委和政府信访部门或者本系统

星期______ ________年______月______日

上级机关、单位转送、交办的信访事项，属于本机关、单位职权范围的，有关机关、单位应当自收到之日起15日内书面告知信访人接收情况以及处理途径和程序；不属于本机关、单位或者本系统职权范围的，有关机关、单位应当自收到之日起5个工作日内提出异议，并详细说明理由，经转送、交办的信访部门或者上级机关、单位核实同意后，交还相关材料。

❹政法部门处理涉及诉讼权利救济事项、纪检监察机关处理检举控告事项的告知按照有关规定执行。

第二十四条 ❶涉及两个或者两个以上机关、单位的信访事项，由所涉及的机关、单位协商受理；受理有争议的，由其共同的上一级机关、单位决定受理机关；受理有争议且没有共同的上一级机关、单位的，由共同的信访工作联席会议协调

星期______ ________年 _____月 _____日

处理。

❷ 应当对信访事项作出处理的机关、单位分立、合并、撤销的，由继续行使其职权的机关、单位受理；职责不清的，由本级党委和政府或者其指定的机关、单位受理。

第二十五条 ❶ 各级机关、单位对可能造成社会影响的重大、紧急信访事项和信访信息，应当及时报告本级党委和政府，通报相关主管部门和本级信访工作联席会议办公室，在职责范围内依法及时采取措施，防止不良影响的产生、扩大。

❷ 地方各级党委和政府信访部门接到重大、紧急信访事项和信访信息，应当向上一级信访部门报告，同时报告国家信访局。

第二十六条 信访人在信访过程中应当遵守法律、法规，不得损害国家、社会、集体的利益和其他公民的合法权利，自觉维

星期______　　______年______月______日

护社会公共秩序和信访秩序，不得有下列行为：

（一）在机关、单位办公场所周围、公共场所非法聚集，围堵、冲击机关、单位，拦截公务车辆，或者堵塞、阻断交通；

（二）携带危险物品、管制器具；

（三）侮辱、殴打、威胁机关、单位工作人员，非法限制他人人身自由，或者毁坏财物；

（四）在信访接待场所滞留、滋事，或者将生活不能自理的人弃留在信访接待场所；

（五）煽动、串联、胁迫、以财物诱使、幕后操纵他人信访，或者以信访为名借机敛财；

（六）其他扰乱公共秩序、妨害国家和公共安全的行为。

星期______ ______年______月______日

第四章　信访事项的办理

第二十七条　各级机关、单位及其工作人员应当根据各自职责和有关规定，按照诉求合理的解决问题到位、诉求无理的思想教育到位、生活困难的帮扶救助到位、行为违法的依法处理的要求，依法按政策及时就地解决群众合法合理诉求，维护正常信访秩序。

第二十八条　①各级机关、单位及其工作人员办理信访事项，应当恪尽职守、秉公办事，查明事实、分清责任，加强教育疏导，及时妥善处理，不得推诿、敷衍、拖延。

②各级机关、单位应当按照诉讼与信访分离制度要求，将涉及民事、行政、刑事等诉讼权利救济的信访事项从普通信访体制中分离出来，由有关政法部门依法处理。

③各级机关、单位工作人员与信访事

星期_____ _______年_____月_____日

项或者信访人有直接利害关系的，应当回避。

第二十九条 ①对信访人反映的情况、提出的建议意见类事项，有权处理的机关、单位应当认真研究论证。对科学合理、具有现实可行性的，应当采纳或者部分采纳，并予以回复。

②信访人反映的情况、提出的建议意见，对国民经济和社会发展或者对改进工作以及保护社会公共利益有贡献的，应当按照有关规定给予奖励。

③各级党委和政府应当健全人民建议征集制度，对涉及国计民生的重要工作，主动听取群众的建议意见。

第三十条 ①对信访人提出的检举控告类事项，纪检监察机关或者有权处理的机关、单位应当依规依纪依法接收、受理、办理和反馈。

②党委和政府信访部门应当按照干部

星期______ ______年______月______日

管理权限向组织（人事）部门通报反映干部问题的信访情况，重大情况向党委主要负责同志和分管组织（人事）工作的负责同志报送。组织（人事）部门应当按照干部选拔任用监督的有关规定进行办理。

③ 不得将信访人的检举、揭发材料以及有关情况透露或者转给被检举、揭发的人员或者单位。

第三十一条 对信访人提出的申诉求决类事项，有权处理的机关、单位应当区分情况，分别按照下列方式办理：

（一）应当通过审判机关诉讼程序或者复议程序、检察机关刑事立案程序或者法律监督程序、公安机关法律程序处理的，涉法涉诉信访事项未依法终结的，按照法律法规规定的程序处理。

（二）应当通过仲裁解决的，导入相应

星期______ ________年 _____月 _____日

程序处理。

（三）可以通过党员申诉、申请复审等解决的，导入相应程序处理。

（四）可以通过行政复议、行政裁决、行政确认、行政许可、行政处罚等行政程序解决的，导入相应程序处理。

（五）属于申请查处违法行为、履行保护人身权或者财产权等合法权益职责的，依法履行或者答复。

（六）不属于以上情形的，应当听取信访人陈述事实和理由，并调查核实，出具信访处理意见书。对重大、复杂、疑难的信访事项，可以举行听证。

第三十二条 1 信访处理意见书应当载明信访人投诉请求、事实和理由、处理意见及其法律法规依据：

（一）请求事实清楚，符合法律、法规、规章或者其他有关规定的，予以支持；

（二）请求事由合理但缺乏法律依据的，

星期______　　　　　　　　　　　　________年______月______日

应当作出解释说明；

（三）请求缺乏事实根据或者不符合法律、法规、规章或者其他有关规定的，不予支持。

❷ 有权处理的机关、单位作出支持信访请求意见的，应当督促有关机关、单位执行；不予支持的，应当做好信访人的疏导教育工作。

第三十三条 各级机关、单位在处理申诉求决类事项过程中，可以在不违反政策法规强制性规定的情况下，在裁量权范围内，经争议双方当事人同意进行调解；可以引导争议双方当事人自愿和解。经调解、和解达成一致意见的，应当制作调解协议书或者和解协议书。

第三十四条 对本条例第三十一条第六项规定的信访事项应当自受理之日起60日内办结；情况复杂的，经本机关、单位负责人批准，可以适当延长办理期限，但延

星期____ ______年 ____月 ____日

长期限不得超过30日，并告知信访人延期理由。

第三十五条 信访人对信访处理意见不服的，可以自收到书面答复之日起30日内请求原办理机关、单位的上一级机关、单位复查。收到复查请求的机关、单位应当自收到复查请求之日起30日内提出复查意见，并予以书面答复。

第三十六条 ①信访人对复查意见不服的，可以自收到书面答复之日起30日内向复查机关、单位的上一级机关、单位请求复核。收到复核请求的机关、单位应当自收到复核请求之日起30日内提出复核意见。

②复核机关、单位可以按照本条例第三十一条第六项的规定举行听证，经过听证的复核意见可以依法向社会公示。听证所需时间不计算在前款规定的期限内。

星期______　　______年______月______日

❸ 信访人对复核意见不服，仍然以同一事实和理由提出投诉请求的，各级党委和政府信访部门和其他机关、单位不再受理。

第三十七条 ❶ 各级机关、单位应当坚持社会矛盾纠纷多元预防调处化解，人民调解、行政调解、司法调解联动，综合运用法律、政策、经济、行政等手段和教育、协商、疏导等办法，多措并举化解矛盾纠纷。

❷ 各级机关、单位在办理信访事项时，对生活确有困难的信访人，可以告知或者帮助其向有关机关或者机构依法申请社会救助。符合国家司法救助条件的，有关政法部门应当按照规定给予司法救助。

❸ 地方党委和政府以及基层党组织和基层单位对信访事项已经复查复核和涉法涉诉信访事项已经依法终结的相

星期______ ______年 ______月 ______日

关信访人，应当做好疏导教育、矛盾化解、帮扶救助等工作。

第五章　监督和追责

第三十八条 ❶各级党委和政府应当对开展信访工作、落实信访工作责任的情况组织专项督查。

❷信访工作联席会议及其办公室、党委和政府信访部门应当根据工作需要开展督查，就发现的问题向有关地方和部门进行反馈，重要问题向本级党委和政府报告。

❸各级党委和政府督查部门应当将疑难复杂信访问题列入督查范围。

第三十九条 ❶各级党委和政府应当以依规依法及时就地解决信访问题为导向，每年对信访工作情况进行考核。考核结果应当在适当范围内通报，并作为对领导

星期____ ______年____月____日

班子和有关领导干部综合考核评价的重要参考。

❷ 对在信访工作中作出突出成绩和贡献的机关、单位或者个人，可以按照有关规定给予表彰和奖励。

❸ 对在信访工作中履职不力、存在严重问题的领导班子和领导干部，视情节轻重，由信访工作联席会议进行约谈、通报、挂牌督办，责令限期整改。

第四十条 ❶ 党委和政府信访部门发现有关机关、单位存在违反信访工作规定受理、办理信访事项，办理信访事项推诿、敷衍、拖延、弄虚作假或者拒不执行信访处理意见等情形的，应当及时督办，并提出改进工作的建议。

❷ 对工作中发现的有关政策性问题，应当及时向本级党委和政府报告，并提出完善政策的建议。

❸ 对在信访工作中推诿、敷衍、拖延、

星期＿＿＿　　　　＿＿＿年＿＿＿月＿＿＿日

弄虚作假造成严重后果的机关、单位及其工作人员，应当向有管理权限的机关、单位提出追究责任的建议。

❹ 对信访部门提出的改进工作、完善政策、追究责任的建议，有关机关、单位应当书面反馈采纳情况。

第四十一条 ❶ 党委和政府信访部门应当编制信访情况年度报告，每年向本级党委和政府、上一级党委和政府信访部门报告。年度报告应当包括下列内容：

（一）信访事项的数据统计、信访事项涉及领域以及被投诉较多的机关、单位；

（二）党委和政府信访部门转送、交办、督办情况；

（三）党委和政府信访部门提出改进工作、完善政策、追究责任建议以及被采纳情况；

（四）其他应当报告的事项。

星期____　　____年____月____日

❷ 根据巡视巡察工作需要，党委和政府信访部门应当向巡视巡察机构提供被巡视巡察地区、单位领导班子及其成员和下一级主要负责人有关信访举报，落实信访工作责任制，具有苗头性、倾向性的重要信访问题，需要巡视巡察工作关注的重要信访事项等情况。

第四十二条 因下列情形之一导致信访事项发生，造成严重后果的，对直接负责的主管人员和其他直接责任人员，依规依纪依法严肃处理；构成犯罪的，依法追究刑事责任：

（一）超越或者滥用职权，侵害公民、法人或者其他组织合法权益；

（二）应当作为而不作为，侵害公民、法人或者其他组织合法权益；

（三）适用法律、法规错误或者违反法定程序，侵害公民、法人或者其他组

星期______ ______年______月______日

织合法权益；

（四）拒不执行有权处理机关、单位作出的支持信访请求意见。

第四十三条 各级党委和政府信访部门对收到的信访事项应当登记、转送、交办而未按照规定登记、转送、交办，或者应当履行督办职责而未履行的，由其上级机关责令改正；造成严重后果的，对直接负责的主管人员和其他直接责任人员依规依纪依法严肃处理。

第四十四条 负有受理信访事项职责的机关、单位有下列情形之一的，由其上级机关、单位责令改正；造成严重后果的，对直接负责的主管人员和其他直接责任人员依规依纪依法严肃处理：

（一）对收到的信访事项不按照规定登记；

（二）对属于其职权范围的信访事项不予受理；

（三）未在规定期限内书面告知信访人是否受理信访事项。

第四十五条 对信访事项有权处理的机关、单位有下列情形之一的，由其上级机关、单位责令改正；造成严重后果的，对直接负责的主管人员和其他直接责任人员依规依纪依法严肃处理：

（一）推诿、敷衍、拖延信访事项办理或者未在规定期限内办结信访事项；

（二）对事实清楚，符合法律、法规、规章或者其他有关规定的投诉请求未予支持；

（三）对党委和政府信访部门提出的改进工作、完善政策等建议重视不够、落实不力，导致问题长期得不到解决；

（四）其他不履行或者不正确履行信访事项处理职责的情形。

第四十六条 有关机关、单位及其领导干部、工作人员有下列情形之一的，由其上级机

星期____ ____年____月____日

关、单位责令改正；造成严重后果的，对直接负责的主管人员和其他直接责任人员依规依纪依法严肃处理；构成犯罪的，依法追究刑事责任：

（一）对待信访人态度恶劣、作风粗暴，损害党群干群关系；

（二）在处理信访事项过程中吃拿卡要、谋取私利；

（三）对规模性集体访、负面舆情等处置不力，导致事态扩大；

（四）对可能造成社会影响的重大、紧急信访事项和信访信息隐瞒、谎报、缓报，或者未依法及时采取必要措施；

（五）将信访人的检举、揭发材料或者有关情况透露、转给被检举、揭发的人员或者单位；

（六）打击报复信访人；

（七）其他违规违纪违法的情形。

第四十七条 ❶信访人违反本条例第二十条、第二十

星期______　　　　　　______年______月______日

六条规定的，有关机关、单位工作人员应当对其进行劝阻、批评或者教育。

② 信访人滋事扰序、缠访闹访情节严重，构成违反治安管理行为的，或者违反集会游行示威相关法律法规的，由公安机关依法采取必要的现场处置措施、给予治安管理处罚；构成犯罪的，依法追究刑事责任。

③ 信访人捏造歪曲事实、诬告陷害他人，构成违反治安管理行为的，依法给予治安管理处罚；构成犯罪的，依法追究刑事责任。

第六章　附　则

第四十八条　对外国人、无国籍人、外国组织信访事项的处理，参照本条例执行。

第四十九条　本条例由国家信访局负责解释。

第五十条　本条例自 2022 年 5 月 1 日起施行。

星期______　　　　________年______月______日

信访事项网上办理工作规程

（2022年4月30日　国信发〔2022〕8号）

第一章　总　则

第一条　为深入推进信访事项网上办理工作规范化建设，提高工作质量、效率和公信力，根据《信访工作条例》规定，结合工作实际，制定本规程。

第二条　本规程适用于通过信访信息系统登记、受理、办理公民、法人或者其他组织用信息网络、书信、电话、传真、走访等形式，向各级机关、单位提出的信访事项。

第三条　信访事项网上办理工作应坚持党的全面领导；坚持以人民为中心；坚持落实

星期_____ _______年_____月_____日

信访工作责任；坚持依法按政策解决问题；坚持源头治理化解矛盾。

第二章 登 记

第四条 通过信息网络、书信、电话、传真、走访等形式提出的信访事项均应客观、准确、及时登记录入信访信息系统。

第五条 ❶ 登记时应逐一录入信访人姓名（名称）、地址、信访人数、信访目的、问题属地、内容分类等要素，录入主要诉求、反映的情况、提出的建议意见以及相应的事实、理由及信访过程等。留有电话号码、身份证号码的应准确录入。

❷ 对采取走访形式的，应认真听取来访人的陈述，询问有关情况，并与来访人核实登记内容。

星期_____　　　　　　　　　　_______年_____月_____日

第三章 党委和政府信访部门的受理办理

第六条 ❶ 党委和政府信访部门对收到的信访事项，应区分情况，在15日内按下列方式处理：

（一）对依照法定职责属于本级机关、单位或者其工作部门处理决定的，应当转送有权处理的机关、单位；情况重大、紧急的，应当及时提出建议，报请本级党委和政府决定。

（二）涉及下级机关、单位或者其工作人员的，按照“属地管理、分级负责，谁主管、谁负责”的原则，转送有权处理的机关、单位。

（三）对转送信访事项中的重要情况需要反馈办理结果的，可以交由有权处理的机关、单位办理，要求其在指定办理期限内反馈结果，提交办结报告。

❷ 各级党委和政府信访部门对收到的

星期______ ________年______月______日

涉法涉诉信件，应当转同级政法部门依法处理；对走访反映涉诉问题的信访人，应当释法明理，引导其向有关政法部门反映问题。对属于纪检监察机关受理的检举控告类信访事项，应当按照管理权限转有关纪检监察机关依规依纪依法处理。

第七条 对信访人采用走访形式提出的信访事项，可当场告知受理情况，指明反映问题途径和程序。

第八条 对已有复核意见，仍然以同一事实和理由提出投诉请求的，不再受理，并向信访人告知有关情况（告知书模板见附件1-①）。

第九条 ❶ 对信访事项中带有普遍性、倾向性、苗头性特别是有关政策性的问题，应综合分析研判，及时向本级党委、政府报告，并提出完善政策、解决问题的建议。

星期______ ________年 ______月 ______日

❷ 对一段时间内某一地方、领域反映突出、集中的信访事项，向有关机关、单位通报。

第四章　其他机关、单位的受理办理

第十条　❶ 党委和政府信访部门以外的其他机关、单位收到信访人直接提出的信访事项后，应按照本规程第五条规定，及时将信访事项录入信访信息系统，使网上信访、来信、来访、来电在网上流转，方便信访人查询、评价信访事项办理情况。

❷ 对属于本机关、单位职权范围的，应当告知信访人接收情况以及处理途径和程序；对属于本系统下级机关、单位职权范围的，应当转送、交办有权处理的机关、单位，并告知信访人转送交办去向；对不属于本机关、单位或

星期______ ______年 ______月 ______日

者本系统职权范围的，应当告知信访人向有权处理的机关、单位提出（告知书模板见附件 1- ②）。

③ 对信访人直接提出的信访事项，有关机关、单位能够当场告知的，应当当场书面告知；不能当场告知的，应当在 15 日内书面告知信访人（告知书模板见附件 1、2）。

第十一条 对党委和政府信访部门或者本系统上级机关、单位转送、交办的信访事项，属于本机关、单位职权范围的，有关机关、单位应当自收到之日起 15 日内书面告知信访人接收情况以及处理途径和程序；不属于本机关、单位或者本系统职权范围的，有关机关、单位应当自收到之日起 5 个工作日内提出异议，并详细说明理由，经转送、交办的信访部门或者上级机关、单位核实同意后，交还相关材料。

星期______　　　　　　　　　　　　　　______年______月______日

第十二条 政法部门处理涉及诉讼权利救济事项、纪检监察机关处理检举控告事项的告知按照有关规定执行。

第十三条 对信访人反映的情况、提出的建议意见类事项，有权处理的机关、单位应当认真研究论证，并酌情回复。

第十四条 对信访人提出的检举控告类事项，纪检监察机关或者有权处理的机关、单位应当依规依纪依法接收、受理、办理和反馈。

第十五条 ❶ 对信访人提出的申诉求决类事项，有权处理的机关、单位应当区分情况，分别按下列方式办理：

（一）应当通过审判机关诉讼程序或者复议程序、检察机关刑事立案程序或者法律监督程序、公安机关法律程序处理的，涉法涉诉信访事项未依法终结的，按照法律法规规定的程序处理。

（二）应当通过仲裁解决的，导入相应

星期______　　　　　　______年______月______日

程序处理。

（三）可以通过党员申诉、申请复审等解决的，导入相应程序处理。

（四）可以通过行政复议、行政裁决、行政确认、行政许可、行政处罚等行政程序解决的，导入相应程序处理。

（五）属于申请查处违法行为、履行保护人身权或者财产权等合法权益职责的，依法履行或者答复。

（六）不属于以上情形的，应当调查核实，作出处理，出具处理意见书。

② 对上述第（六）项规定的信访事项应当自受理之日起60日内办结；情况复杂的，经本机关、单位负责人批准适当延长办理期限，但延长期限不得超过30日，并出具《延期办理告知书》（告知书模板见附件3）。

第十六条 办理信访事项基本流程：

（一）联系或视情约见信访人，听取信

星期______ ________年______月______日

访人陈述事实和理由，必要时可以要求信访人、有关组织和人员说明情况；

（二）对信访人提出的事项进行核实，可以向其他组织和人员调查；

（三）对重大、复杂、疑难的信访事项，可以举行听证；

（四）经调查核实，依照有关法律、法规、规章及其他有关规定作出处理，出具《信访事项处理意见书》（意见书模板见附件4），属于第十五条前五项的按照法律法规规定的程序处理；

（五）落实处理意见。

第十七条 信访人请求复查（复核）的，复查（复核）机关、单位审查后，应出具《申请复查（复核）受理（不予受理）告知书》（告知书模板见附件5、6）。受理的，应当自收到复查（复核）请求之日起30日内出具《信访事项复查（复核）意见书》（意见书模板见附件7、8）。

星期____ ______年____月____日

第十八条 ❶ 有权处理（复查、复核）的机关、单位向信访人出具的告知书、处理（复查、复核）意见书等，均应按期送达信访人、填写送达回证（送达回证模板见附件 9）并录入信访信息系统。

❷ 有关送达要求参照《民事诉讼法》相关规定。

第十九条 对下列情形不予（不再）受理：

（一）对已经受理或者正在办理的，信访人在规定期限内向受理、办理机关、单位的上级机关、单位又提出同一信访事项的，上级机关、单位不予受理（告知书模板见附件 1–③）。

（二）对已有处理（复查）意见且正在复查（复核）期限内的，不予另行受理，应向信访人告知有关情况（告知书模板见附件 1–④、1–⑤）。

（三）对已有复核意见，仍然以同一事实和理由提出投诉请求的，不再受理，

星期______ ________年______月______日

并向信访人告知有关情况（告知书模板见附件 1-①）。

第五章 督查督办

第二十条 对交办、转送的信访事项，交办、转送机关、单位要通过信访信息系统及时检查受理、办理情况，发现有关机关、单位存在违反信访工作规定受理、办理信访事项，办理信访事项推诿、敷衍、拖延、弄虚作假或者拒不执行信访处理意见等情形的，应当及时督办，并提出改进工作的建议。

第二十一条 督办可通过网上督办、电话督办、发函督办、视频督办、约谈督办、实地督查等形式实施，推动信访事项依法及时就地解决。

第二十二条 督办信访事项的督办建议和结果，要及时录入信访信息系统。

星期____ ______年____月____日

第六章　查询和评价

第二十三条　❶ 信访事项处理过程和办理结果要在网上及时向信访人反馈，主动接受监督，实现信访事项的可查询、可跟踪、可监督、可评价。

❷ 反馈内容包括：信访事项登记日期，党委和政府信访部门分级转交日期，向有权处理的机关、单位转交日期，有权处理的机关、单位出具的告知书、信访处理意见书、复查意见书、复核意见书及日期等。

第二十四条　❶ 对纳入评价范围的来信、来访事项，采取短信、邮寄、告知等方式向信访人提供查询码，信访人凭查询码登陆国家信访局门户网站查询、评价；对信访人未留手机号码的来信、来访事项，逐级转交后，由直接转交有权处理的机关、单位办理的党委和政府信访部

门负责联系信访人，并告知查询码（告知书模板见附件10）。

❷ 对纳入群众满意度评价的网上信访事项，信访人通过注册账户查询评价。

第七章　附　则

第二十五条　本规程所称信访事项，不包含涉密内容的信访事项，涉密事项按相关规定办理。

第二十六条　本规程附件所列文书模板供各机关、单位作范本参考。

第二十七条　本规程由国家信访局负责解释。

第二十八条　本规程自2022年5月1日起施行。

附件：

1. 告知书（5种）（略）
2. 有权处理的机关、单位机关受理告知书（略）
3. 信访事项延期办理告知书（略）

星期______ ________年______月______日

4. 信访事项处理意见书（略）

5. 申请复查（复核）受理告知书（2 种）（略）

6. 申请复查（复核）不予受理告知书（2 种）（略）

7. 信访事项复查意见书（略）

8. 信访事项复核意见书（略）

9. 送达回证（略）

10. 纳入满意度评价信访事项的查询码告知书（略）

星期______ ________年______月______日

依法分类处理信访诉求工作规则

（2022 年 4 月 30 日　国信发〔2022〕9 号）

第一条　为了进一步规范依法分类处理信访诉求工作，根据《信访工作条例》和相关法律法规，制定本规则。

第二条　本规则适用于各级机关、单位对申诉求决类信访事项的分类处理。

第三条　❶ 各级机关、单位收到信访事项，应当按照《信访工作条例》第二十二条、第二十三条相关规定进行登记、转送、交办、告知。

❷ 对信访人提出的申诉求决类信访事项，有权处理机关、单位应当区分情况，分别按照下列方式办理：

（一）应当通过审判机关诉讼程序或者

星期______ ________年______月______日

复议程序、检察机关刑事立案程序或者法律监督程序、公安机关法律程序处理的，涉法涉诉信访事项未依法终结的，按照法律法规规定的程序处理。

（二）应当通过仲裁解决的，导入相应程序处理。

（三）可以通过党员申诉、申请复审等解决的，导入相应程序处理。

（四）可以通过行政复议、行政裁决、行政确认、行政许可、行政处罚等行政程序解决的，导入相应程序处理。

（五）属于申请查处违法行为、履行保护人身权或者财产权等合法权益职责的，依法履行或者答复。

（六）不属于以上情形的，应当听取信访人陈述事实和理由，并调查核实，出具信访处理意见书。对重大、复杂、疑难的信访事项，可以举行听证。

第四条　1 有权处理机关、单位负责信访工作

星期______ ________年 ______月 ______日

的机构收到转送、交办或者信访人直接提出的申诉求决类事项，认为应当按照第三条第二款第一项、第二项、第三项、第四项、第五项规定的方式办理的，应当与本机关、单位对该事项负有办理责任的部门（以下简称责任部门）进行会商，确定处理途径和程序。

2 有权处理机关、单位应当制作包含以下内容的告知书，加盖机关印章或者业务办理专用印章，告知信访人：

（一）拟适用的途径及依据；

（二）查询或者联系方式；

（三）其他需要告知的内容。

3 除告知以上内容外，需要依申请启动的，还应当告知其申请需要提供的相关材料。

4 法律法规对受理的时间和告知的形式、内容另有规定的，从其规定。

星期______　　　　　　　　　　　　　　　　　　　______年______月______日

第五条 有权处理机关、单位认为应当适用第三条第二款第六项规定的方式办理的，应当出具信访事项受理告知书，加盖信访业务专用章送达信访人。

第六条 有权处理机关、单位负责信访工作的机构与本机关、单位责任部门经会商无法就分类处理信访诉求达成一致意见的，由负责信访工作的机构会同本机关、单位负责法制工作的部门提出处理意见后报请本机关负责人决定。

第七条 涉及两个或者两个以上机关、单位的信访事项，受理主体按照《信访工作条例》第二十四条确定。

第八条 有权处理机关、单位以及党委和政府信访部门应当建立完善社会力量参与信访工作机制，充分发挥法律顾问和律师在依法分类处理工作中的作用。

第九条 ❶适用第三条第二款第一项、第二项、第三项、第四项、第五项规定的方式

星期____ ______年____月____日

办理的申诉求决类事项，有权处理机关、单位应当依据相应的规定及程序作出处理，并将处理结果告知信访人。

❷ 适用第三条第二款第五项规定的方式办理，但有关法律法规没有具体期限规定的，应当在接到申请之日起两个月内履行或者答复。

❸ 对欠缺形式要件的诉求，可以根据情况要求提出该诉求的公民、法人或者其他组织补充。

❹ 有权处理机关、单位负责信访工作的机构对适用第三条第二款第一项、第二项、第三项、第四项、第五项规定的方式处理的事项，应当跟踪处理进展，并将处理结果录入国家信访信息系统。

第十条　❶ 适用第三条第二款第六项规定的方式办理的，有权处理机关、单位可以运用教育、协商、听证等方法，及时

妥善处理，按照《信访工作条例》规定的时限、程序做出信访处理意见书，加盖信访业务专用章并送达信访人。

② 信访处理意见书及有关材料应当录入国家信访信息系统。

第十一条 各级机关、单位在处理申诉求决类事项过程中，可以在不违反法律法规强制性规定的情况下，在裁量权范围内，经争议双方当事人同意进行调解；可以引导争议双方当事人自愿和解。经调解、和解达成一致意见的，应当制作调解协议书或者和解协议书。

第十二条 信访复查（复核）机关、单位在信访复查（复核）中，发现事项应当适用其他途径而未适用，以信访处理代替第三条第二款第一项、第二项、第三项、第四项、第五项规定的方式作出处理的，应当区分情况，撤销信访处理（复查）意见，要求原办理机关、单位适

星期______ ________年______月______日

用其他途径重新处理，或者变更原处理（复查）意见。

第十三条 ❶ 对有权处理机关、单位正在或者已经适用第三条第二款第一项、第二项、第三项、第四项、第五项规定的方式处理的事项，信访人再次通过信访渠道反映的，区分下列情形作出相应处理：

（一）以同一事实和理由再次提出同一诉求的，各级机关、单位不再重复处理；

（二）对同一诉求提出新的事实和理由的，应交由有权处理机关、单位认定；有权处理机关、单位认定属于新的事实和理由的，按照本规则第四条规定处理；不属于新的事实和理由的，按照本款第一项规定处理。

❷ 适用第三条第二款第六项规定的方式办理的事项，信访人重复提出信访

星期____　　　　　　　　　　　　　　　　　　　　　　____年____月____日

事项的，按照《信访工作条例》规定办理。

第十四条 ❶ 党委和政府信访部门发现本级或者下级机关、单位及其工作部门、工作人员在分类处理工作中有下列情形的，应当进行督办，并提出改进工作的建议：

（一）应告知而未告知的；

（二）违反第三条第二款规定的分类办理方式的；

（三）未按规定的期限处理的；

（四）未按规定反馈交办事项相关情况的；

（五）未及时在国家信访信息系统中录入相关信息和材料的；

（六）其他需要督办的情形。

❷ 对工作中发现的有关政策性问题，应当及时向本级党委和政府报告，并提出完善政策的建议。

❸ 对在信访工作中推诿、敷衍、拖延、弄虚作假造成严重后果的机关、单位及其工作人员，应当向有管理权限的机关、单位提出追究责任的建议。

❹ 对信访部门提出的改进工作、完善政策、追究责任的建议，有关机关、单位应当书面反馈采纳情况。

第十五条 党委和政府信访部门以及有权处理机关、单位应当将依法分类处理信访诉求情况纳入信访工作绩效考核范围。

第十六条 各级党委和政府信访部门应当定期统计本部门和同级有权处理机关、单位依法分类处理信访诉求工作情况，及时汇总和反映工作中的问题，并于每年第一季度向上一级党委和政府信访部门提交上年度依法分类处理信访诉求工作报告。

第十七条 ❶ 本规则中的送达，按照第三条第二款第六项规定方式处理的，适用《信访

星期_____ _______年_____月_____日

事项网上办理工作规程》的规定；属于相关途径的，适用相关规定。

❷ 本规则第九条中规定的告知，可以采用短信、信息网络或者提供自行查询方式等形式。

第十八条 本规则自2022年5月1日起施行。

星期_____ _______年_____月_____日

初次信访事项办理办法

（2022年7月17日　国信办发〔2022〕15号）

为加强初次信访事项办理工作，规范工作程序，压实首办责任，提高办理质量和效率，根据《信访工作条例》等规定，结合工作实际，制定本办法。

第一条　❶本办法所称初次信访，是指公民、法人或者其他组织采用信息网络、书信、电话、传真、走访等形式，首次向各级机关、单位反映情况，提出建议、意见或者投诉请求，依法依规应当由有关机关、单位作出处理的活动。

❷采用前款规定的形式，反映的情况，提出的建议、意见或者投诉请求，称初次信访事项。

星期______　　　　　　　　　　　　______年______月______日

第二条 初次信访事项办理工作，坚持“属地管理、分级负责，谁主管、谁负责”的原则，实行首办负责制。各级党委和政府信访部门以及其他机关、单位应当根据各自职责和有关规定，按照诉求合理的解决问题到位、诉求无理的思想教育到位、生活困难的帮扶救助到位、行为违法的依法处理的要求，依法按政策及时就地解决群众合法合理诉求，努力实现“让群众最多访一次”。

第三条 ❶ 各级党委和政府信访部门按照《信访工作条例》规定的程序、期限，负责受理、转送、交办信访人提出的初次信访事项，并进行协调、督办。

❷ 各级党委和政府信访部门以外的其他机关、单位按照《信访工作条例》规定的程序、期限，负责受理、办理法定职权范围内的初次信访事项，并书面答复信访人。包括以下两种情形：

星期______ ________年______月______日

（一）信访人首次向本机关、单位提出的信访事项；

（二）本级或上级党委和政府信访部门首次转送、交办的信访事项。

❸信访人向不同机关、单位或同一机关、单位不同部门提出信访事项的，先行收到的机关、单位或部门先行受理，并录入信访信息系统。

第四条 各级党委和政府信访部门以及其他机关、单位收到初次信访事项，应当及时在信访信息系统中录入信访人姓名（名称）、住址、联系方式、投诉请求、建议意见以及相应的事实、理由等主要内容，做到要素完整、客观、准确。

第五条 ❶各级党委和政府信访部门收到初次信访事项，应在15日内区分不同情况，按下列方式处理：

（一）对申诉求决类初次信访事项，属于本级或下级机关、单位或者其工作

星期_____　　　　　　　　　　_______年_____月_____日

部门处理决定的，按照“属地管理、分级负责，谁主管、谁负责”的原则，逐级转送有权处理的机关、单位；对有重要情况需要反馈办理结果的，可以交由有权处理的机关、单位办理，要求其在指定办理期限内反馈结果，提交办结报告。

（二）对建议意见类初次信访事项，其中有利于完善政策、改进工作、促进经济社会发展的，上报本级党委、政府作为决策参考，或转送有权处理的机关、单位研究。

（三）对收到的涉法涉诉信件，应当转送同级政法部门依法处理；对走访反映涉诉问题的信访人，应当释法明理，引导其向有关政法部门反映问题。

（四）对属于纪检监察机关受理的检举控告类初次信访事项，按照管理权限转送有关纪检监察机关依规依纪依法

星期______ ______年 ______月 ______日

处理。

（五）地方各级党委和政府信访部门对情况重大、紧急的初次信访事项，应当及时提出建议报请本级党委和政府决定，并向上一级信访部门报告，同时报告国家信访局。

② 对通过信息网络收到的初次信访事项，应缩短转送、交办期限。

第六条 ① 党委和政府信访部门以外的其他机关、单位收到初次信访事项，对属于本机关、单位或本系统下级机关、单位职权范围的，应当告知信访人接收情况、处理途径和程序、转送交办去向等；对不属于本机关、单位或本系统职权范围的，应当告知信访人向有权处理的机关、单位提出。能够当场告知的，应当当场书面告知；不能当场告知的，应当自收到信访事项之日起 15 日内书面告知。

星期______ ______年______月______日

❷对跨地区、跨部门、跨行业和人事分离、人户分离、人事户分离的初次信访事项，按照《信访工作条例》第二十四条和《国家信访局协调解决“三跨三分离”信访事项工作规则》明确的原则和程序划分责任、受理办理。

第七条 ❶有权处理机关、单位应按照《信访工作条例》的规定，区分不同情况办理初次信访事项。对条例第三十一条第六项规定的初次信访事项，应在规定时限内向信访人出具信访处理意见书，告知请求复查的期限和机关、单位；收到复查（复核）请求的机关、单位，应当做好复查（复核）工作，并在规定的时限内出具复查（复核）意见书。

❷有权处理机关、单位出具的告知书、信访处理意见书、延期告知书、复查（复核）意见书应当要素齐全、格式正确、事实清楚、依据充分，并及时送

星期______ ______年______月______日

达信访人或有关人员，严格履行签收等手续。相关文书及送达凭证均要及时录入信访信息系统。

③有权处理机关、单位应当按期向交办机关反馈处理意见，督促有关机关、单位执行，并做好信访人的政策解释和疏导教育工作。

第八条 各级党委和政府信访部门以及其他机关、单位应为信访人查询初次信访事项办理情况提供便利。对纳入满意度评价范围的初次信访事项，办理过程、处理结果应依托信访信息系统予以公开，以便于信访人查询、评价。

第九条 ①各级党委和政府信访部门发现本级和下级有关机关、单位存在违反信访工作规定受理、办理信访事项，办理信访事项推诿、敷衍、拖延、弄虚作假或者拒不执行信访处理意见等情形的，应当及时督办并提出改进工作的

星期______　　　　______年______月______日

建议；造成严重后果的，应当向有管理权限的机关、单位提出责任追究建议。

2 各级党委和政府信访部门对收到的初次信访事项应当登记、转送、交办而未按规定登记、转送、交办，或者应当履行督办职责而未履行的，由其上级机关责令改正；造成严重后果的，按照《信访工作条例》的规定追究责任。

第十条 各级党委和政府信访部门应当以依规依法及时就地解决信访问题为导向，定期考核下一级信访部门和有权处理机关、单位初次信访办理工作，并在一定范围内通报有关考核情况。

第十一条 本办法由国家信访局负责解释。

第十二条 本办法自发布之日起施行，《国家信访局关于进一步加强初信初访办理工作的办法》同时废止。

星期______　　　　　　　　______年______月______日

信访事项简易办理办法

（2022 年 7 月 17 日　国信办发〔2022〕17 号）

第一条　为进一步深化信访制度改革，推动及时就地解决信访问题，根据《信访工作条例》和《信访事项网上办理工作规程》等规定，结合工作实际，制定本办法。

第二条　信访事项简易办理是指各级机关、单位按照工作职责，针对诉求简单明了的信访事项，简化程序，缩短时限，更加方便快捷地受理、办理。

第三条　信访事项简易办理应当遵循依法合规、简便务实、灵活高效的原则。

第四条　下列初次信访事项适用简易办理：

（一）事实清楚、责任明确、争议不大、

星期______ ______年______月______日

易于解决的；

（二）提出咨询或意见建议、表达感谢，可以即时反馈的；

（三）涉及群众日常生产生活、时效性强，应当即时处理的；

（四）有关机关、单位已有明确承诺或结论的；

（五）其他可以简易办理的。

第五条 下列信访事项不适用简易办理：

（一）属于《信访工作条例》第三十一条前五项规定情形的；

（二）上级机关、单位交办的；

（三）可能对信访人诉求不予支持的；

（四）涉及多个责任主体或集体联名投诉的重大、复杂、疑难等不宜简易办理的。

第六条 信访事项是否适用简易办理，由有权处理的机关、单位决定，县级以上党委和政府信访部门以及上级机关、单

星期______　　　　　　　　　　　　　　　　________年 ______月 ______日

位可以提出简易办理建议。

第七条 县级以上党委和政府信访部门以及上级机关、单位对提出简易办理建议的信访事项，可以通过信访信息系统直接转送有权处理的机关、单位，并抄送下一级信访部门；不具备直接转送条件的，各中间层级机关、单位应当依次在收到信访事项之日起1个工作日内通过信访信息系统完成转送。

第八条 ❶对适用简易办理的信访事项，有权处理的机关、单位应当在收到之日起3个工作日内决定是否受理。可以当即决定的，应当当即告知信访人。

❷除信访人要求出具纸质受理告知书的，可以当面口头或通过信息网络、电话、手机短信等快捷方式告知信访人。告知情况应当录入信访信息系统。

第九条 ❶对适用简易办理的信访事项，有权处理的机关、单位应当在受理之日起10

星期______ ______年______月______日

个工作日内作出处理意见。可以当即答复的，应当当即出具处理意见。

2 除信访人要求出具纸质信访处理意见书的，可以通过信息网络、手机短信等快捷方式答复信访人。答复情况应当录入信访信息系统。

第十条 1 有权处理的机关、单位在办理信访事项过程中，发现不宜简易办理或简易办理未得到妥善解决的，应当经本机关负责人批准，按照《信访工作条例》规定的普通程序继续办理。属上级党委和政府信访部门或者机关、单位提出简易办理建议的，应当向提出建议的机关、单位反馈情况并说明理由。

2 按照《信访工作条例》规定的普通程序继续办理的信访事项，办理时限从按照简易办理程序受理之日起计算。

第十一条 县级以上党委和政府信访部门以及有关机关、单位应当对简易办理工作加

星期_____　　　　　　　　_______年_____月_____日

强指导和监督。对可以简易办理的信访事项推诿拖延，或者以简易办理为名损害信访人权益的，要督促限期改正；造成严重后果的，按照《信访工作条例》的规定追究责任。

第十二条 本办法由国家信访局负责解释。

第十三条 本办法自发布之日起施行。

星期______ ________年 ______月 ______日

星期______ ______年 _____月 _____日

星期_____ _______年_____月_____日

星期______ ______年 ______月 ______日

星期______ ______年 ______月 ______日

星期_____ ______年_____月_____日

星期______　　　　　　　　　　　　　　　　　　　　　________年______月______日

星期_____　　　　_______年_____月_____日

星期______ ________年______月______日

星期_____ _______年_____月_____日

星期_____　　　　　　　　　　　　　　　　_______年_____月_____日

星期______　　　　　　　　______年 ______月 ______日

图书在版编目(CIP)数据

信访工作笔记 / 中国法制出版社编 . —北京：中国法制出版社，2023.6

ISBN 978-7-5216-3559-1

Ⅰ. ①信… Ⅱ. ①中… Ⅲ. ①信访工作—中国 Ⅳ. ① D632.8

中国国家版本馆 CIP 数据核字(2023)第 084682 号

责任编辑：宋 平　　　　封面设计：蒋 怡 李 宁

信访工作笔记

XINFANG GONGZUO BIJI

编者 / 中国法制出版社

经销 / 新华书店

印刷 / 三河市紫恒印装有限公司

开本 / 880 毫米 ×1230 毫米 32 开　　　　印张 / 6 字数 / 80 千

版次 / 2023 年 6 月第 1 版　　　　2023 年 6 月第 1 次印刷

中国法制出版社出版

书号 ISBN 978-7-5216-3559-1　　　　定价：58.00 元

北京市西城区西便门西里甲 16 号西便门办公区

邮政编码：100053　　　　传真：010-63141600

网址：http://www.zgfzs.com　　　　**编辑部电话：010-63141825**

市场营销部电话：010-63141612　　　　**印务部电话：010-63141606**

（如有印装质量问题，请与本社印务部联系。）